쏟아지는 별에게 사랑을 전한다

쏟아지는 별에게 사랑을 전한다

초판 1쇄 발행 2025년 8월 20일

지은이 정현민
펴낸이 장현수
펴낸곳 메이킹북스
출판등록 제 2019-000010호

디자인 홍규선
편집 홍규선
교정 안지은
마케팅 김소형

주소 서울특별시 구로구 경인로 661, 핀포인트타워 912-914호
전화 02-2135-5086
팩스 02-2135-5087
이메일 making_books@naver.com
홈페이지 www.makingbooks.co.kr

ISBN 979-11-6791-741-6(03810)
값 16,800원

ⓒ 정현민 2025 Printed in Korea

잘못된 책은 구입하신 곳에서 바꾸어 드립니다.
이 책의 전부 또는 일부 내용을 재사용하려면 사전에 저작권자와 펴낸곳의 동의를 받아야 합니다.

메이킹북스는 저자님의 소중한 투고 원고를 기다립니다.
출간에 대한 관심이 있으신 분은 making_books@naver.com으로 보내 주세요.

쏟아지는 별에게
사랑을 전한다

정현민

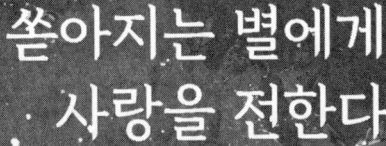

| 시인의 말 |

더 많이 사랑하지 못할까 하는 염려

이 시집은 별들은 여전히 내 삶에 반짝이는데 더 많이 헤아리고 사랑하지 못하고 살아내고 있지 않은가 하는 후회와 염려로 잠을 이루지 못하고 써 내려간 연서이고 성찰입니다.

작아지는 등 뒤에서 늦은 밤 침대 머리맡에서 머뭇거림에 하지 못했던 마음들 말들을 부족하나마 시를 통하여 고백할 수 있었습니다. 사랑은 전할 때 꽃처럼 환하고 아름답게 피어납니다. 더 늦기 전에 마음껏 사랑한다고 전하면 좋겠습니다.

여전히 나의 시가 되고, 나의 별이 되는 사랑하는 아내와 산들 모든 가족과 친구들, 미우나 고우나 나의 삶 여정에 함께하는 이들에게 감사의 마음을 전합니다. 그리고 지독

히도 더운 여름날 부족한 글을 꼼꼼히 살펴봐 주신 메이킹북스 안지은님께도 감사 인사를 전하고 싶습니다.

끝으로, 프랑스 정신과 의사이자 작가인 프랑수아 를로르는 『꾸뻬 씨의 행복 여행』에서 좋지 않은 사람에 의해 통치되는 나라에서는 행복한 삶을 살기가 더욱 어렵다고 말합니다. 좋은 지도자를 판단하는 기준은 사람마다 다를 수 있지만 불행과 고통 앞에서 느끼는 감정만큼은 누구나 크게 다르지 않습니다. 놀랍고 두려운 날들을 지내며 좋은 지도자 아래에서 누리는 일상의 평안과 작은 행복이 얼마나 소중한지 새삼 깨닫습니다.

이천이십오년 가을을 기다리며
정현민 씁니다.

| 차례 |

시인의 말 4
더 많이 사랑하지 못할까
하는 염려
—

1부
깊은 여름 밤하늘에는
—

별 12
큰일이다 13
비눗방울 14
이팝나무 15
마주 16
걸음마 17
유월 장맛비 18
럭키비키 20
주의 21
노릇 22
처음 23
칼랑코에 24
창가에서 25
눈치 26
선생님이 되면은 27
기차 풍경 28
긴 밤 29

30 옛날 노래
32 비 오는 날
33 그 친구
34 고라니
35 하기 싫은 일
36 기억
37 가을 나들이
38 함께 걷는 길
39 녀석
40 보여줘야지
41 입술이 헐다
42 취향
43 못하는 이유
44 어머니 꿈
46 매미
47 에휴
48 취하다
49 여름휴가
50 내가
51 노부부
52 고쳐쓰기
53 개판 오 분 전
54 장염
55 경기

만취 56	81 몰랐어
동아줄 58	82 도깨비방망이
궁금증 59	84 Adiós
만족 60	85 나의 잘못
그리워 61	86 우리
마음이 한다 62	87 야호
동행 63	88 실랑이
—	89 째려보다
2부	90 아이를 키우는 건
흐린 가을 하늘 아래서	91 모르지
—	92 고집
문 66	93 척
수건 67	94 금쪽 같은 내 새끼
초능력 68	96 세월
닮다 70	97 이상하다
사과 71	98 천지삐까리
파초선芭蕉扇 72	99 작은 새
후회 73	100 왜 그럴까
그 시절 우리가 사랑한 건 74	101 살풍경
답답해 76	102 날씨 탓
Whatever it takes 77	103 세상살이
천신만고千辛萬苦 78	104 나쁜
아들아 79	105 맘대로 되는 일
바람 80	

3부
긴 겨울의 끝

단념의 시대 108
나를 힘들게 하는 사람들 109
겨울에 살다 110
점입가경漸入佳境 111
네가 없는 너의 날 112
위로 113
돼지 한 마리 114
갸우뚱 116
내로남불 117
통곡 118
개소리 119
미치겠네 120
우리는 왜 121
어이할꼬 122
어느 죽음 앞에서 묻다 123
화무십일홍花無十日紅 124
저들 125
광화문 비가悲歌 126
그, 그녀, 그들 128
신명神明 129
130 달을 말하지 마라
131 주술
132 재명在明
134 기원
135 봄이 온다

4부
어여쁜 봄이 온다

138 봄
139 은파를 걷다
140 마법
141 아침 운동
142 군산에 살다
144 안달
145 한 그릇 한식뷔페
146 순간
147 일탈
148 어린이날
149 여유를 가져
150 미치겠다
151 인연
152 공
154 날 참 좋네

꽃 너 기다림	156	171	가만있자
스승의 노래	157	172	밤 풍경
주문呪文	158	173	믿음
놀이터	159	174	바람이 분다
소망	160	175	화양연화花樣年華
코스모스	161	176	젊음
교복	162	178	슬퍼하지 마
흐린 가을 하늘	163	179	겸손은 힘들다
높은 곳	164	180	시인
개밥바라기	165	182	그리워
사육제謝肉祭	166	183	삶 설명서
나의 시	168	184	작정
하늘에 구멍이 나면	169	185	부탁
선물	170	186	별이 쏟아진다

1부

—

깊은 여름 밤하늘에는

무수히 빛나는
별 무리가 있다

별

하늘에 구멍이 나면
별이 쏟아질 거야
나와 마주한
내 눈 속에 가득한
밤하늘 가득한 별 무리가
작은 구멍을 만나면
나의 눈으로
쏟아져 내려
난 쏟아지는 별을
놓치지 않으려
품는데
눈 속의 별은
바로 너야
네가 별이고
내 사랑이야

큰일이다

아침부터
눈꼬리가 올라가
얄밉게 눈을 흘기며
토라져
삐쭉삐쭉

저녁까지
입꼬리가 내려가
뽀로통 입을 내밀고
시무룩
불퉁불퉁

온종일
뭐가 그리 마음에 안 드는지
뭐가 그리 기분이 나쁜지
뭐가 그리 화가 나는지

알 것도 같고
모를 것도 같다.
큰일이다.

비눗방울

푸른 잔디 위에
예쁜 눈이 커진
색동 꼬마들이
양 볼 가득 불어 날린
비눗방울이
동글동글
매끈매끈

울긋불긋
코스모스와
반가운 인사하고
가을볕 마중 나온
배 붉은 고추좀잠자리와
알콩달콩
반짝반짝

시원한 갈바람 사이
길 바쁜 갈매기 무리를 지나
새하얀 생크림이 가득
흩뿌려진 파란 하늘로
알록달록
몽글몽글

이팝나무

교실 창문 틈
가느다란 빛줄기를 따라 가면
학교 모퉁이 담장 옆에서
키가 큰 이팝나무를 만난다.

이팝나무는
하얀 꽃 가득했던
봄의 기억을 뒤로하고
연한 초록 손으로
한들한들
흔들리며
나에게 인사를 한다.

나는
하늘하늘 춤을 추며
날리던 하얀 꿈 사이
짙은 초록 눈으로
휘날리고
흩어지며
이팝나무에게 안부를 묻는다.

마주

여전히
선명하게 기억되는
빛이 바랜 오래전 그날
나를 사로잡고 놓지 않는 너
너를 바라보는 나를 보는 너
눈을 마주치는 우리

언제나
아련하게 떠오르는
촛불을 사이에 둔 그 밤
내 앞에 마주 앉은 너
네 눈을 마주 보는 나
손을 마주잡은 우리

오늘도
설레며 맞이하는
눈부신 햇살 가득한 아침
팔짱을 끼고 마주 서는 너
어깨를 감싸고 마주 걷는 나
삶을 마주하는 우리

걸음마

눈을 떼지 못하고
손을 떼지 못하고
이리 오렴
조심조심

넘어지지 않게
조심조심

너의 어여쁜 살에
아프고 흉한
상처가
생기지 않게

잡아 줘
안아 줘

아장아장
한 걸음 한 걸음
내딛던 어여쁜 너

유월 장맛비

잿빛 하늘이
젖은 바람을 붙잡고
아침부터 잔뜩
으름장을 놓더니
험악이 모여든 구름들이
질세라
햇살을 막아서고
한바탕 해대었다.

그렇게
요란스레 시작한
유월 장맛비는
하루 종일
지치지도 않고
목마른 산으로
세차게 뿌리고
메마른 들을
가득 적신다.

늦은 밤
바랜 달빛 속에서도
유월 장맛비는

빗소리에 묻힌
애달픈 내 품으로
거세게 흐르고
이른 새벽에도
멈춤 없이
별이 빛나는
나의 눈으로
힘차게
차고 기운다.

럭키비키

타고난 미
타고난 끼
타고난 운

다 가졌어
완벽해
럭키비키잖아

그런데
노력하지 않으면
행운도 외면한대

더해진 끈기
더해진 노력
더해진 실력

결국
이게 더 중요해
이게 진짜 럭키비키잖아

주의

주의하세요.

말이 없어지고
표정이 굳고
얼굴이 붉어집니다.
뜨거워지고 있습니다.
조심하세요.

심장이 빠르게 요동치고
속에서 천불이 나고
말은 점점 거칠어집니다.
열 받고 있습니다.
만지지 마세요.

피가 거꾸로 솟아
뚜껑이 열리면
눈에 뵈는 게 없습니다.
잘못 걸리면 낭패입니다.
가까이 오지 마세요.

주의하세요.

노릇

살아갈수록
알아갈수록
해야 할 노릇이
왜 이리 많은지
왜 그리 어려운지

여전히 버거운 자식 노릇
도무지 모를 남편 노릇
도대체 알 수 없는 아비 노릇
점점 힘들기만 한 선생 노릇
답이 보이지 않는 미칠 노릇

어느 노릇 하나
쉬운 게 없고
제대로 하는 게 없어
별수 없는 노릇이라고
알 수 없는 노릇이라고

이게 맞는 건지
잘하고 있는 건지
알 수 없지만
그래도 애써 붙자고
오늘을 살아가는 나

처음

처음은
단단한 두려움 위에
흔들리는 기대를
힘겹게 붙잡는 일

서툰 손짓이
눈살을 찌푸리고
나를 본다.

난
빨갛게 숨어
멋쩍게 웃으며
숨죽여 운다.

첫사랑
첫 수업
첫아이

칼랑코에

하얗게
연노랗게
엷고 붉게
새빨갛게

작고 소박한 화분 속에
작고 예쁜 꽃잎들이 한가득
아내가 좋아하는 꽃
칼랑코에

밝고 희망차게
생기 있고 화사하게
소중하고 감사하게
선명하고 아름답게

햇살 따스한 창가 앞에
작고 예쁜 꽃잎들이 한참을
행복을 알리는 꽃
칼랑코에

창가에서

무겁게 내려앉아
차분히 내다본
얼룩진 창 너머
교정을 가득 채운
어두운 회백색 공기가
시선을 막아서고
지치지 않는
젖은 바람에
쉼 없이 흔들리며
봄의 마지막을 붙잡은
하얀 꽃 무리가
힘겹게 버티다
힘없이 늘어진
나를 바라본다.
나는
아무렇지 않은 듯
태연히 고개를 돌린다.
무심히 교실을 본다.
마른 눈물을 삼킨다.

눈치

눈치가 있어야 해
눈치가 빨라야 해
말하지 않아도
다른 사람의 마음을 헤아리고
미루어 짐작해
그때그때의 상황을 살피고
상대가 거북하지 않게
주변이 괴롭지 않게
말하는 것
행동하는 것
눈치가 있는 게 영리한 거야
눈치가 빠른 게 재치 있는 거야

그런데
하루 종일
이 눈치 저 눈치
보고 살려니
피곤하긴 해
지치긴 해

선생님이 되면은

선생님이었던 도종환 시인은
우리에게 나중에 선생님이 되면은
이 땅의 가장 순박한
이 땅에 가장 힘겨운
아이들 곁으로 가라고

선생님이 되려던 청정했던 우리는
어두운 밤하늘 찬 공기 아래서
작게 빛나는 뜨거운 촛불 앞에서
백발이 될 때까지 가르치며
거짓 없는 학교로 가자고

그 차가운 밤 뜨겁게 잡았던 손
쉰 목을 놓아 부르던
우리가 나중에 선생님이 되면은
그 노래가 아직 귓가에 선한데

선생님이 된 생기 잃은 우리들은
거짓 없는 학교에서
아이들 맑은 숨결 곁에 살고 있는지
아이들 초롱한 눈 속에 살고 있는지
아이들 환한 웃음 속에 살고 있는지

기차 풍경

기차는
지난밤 내린 눈이 무겁게 머문
낮은 산비탈 너머로
인적 없는 작고 조용한 마을들을
하얗게 반짝이는 기와들을
무심한 듯 요란스레 지나친다.

사람들은
좌우로 익숙하게 흔들리며
유리창 넘어 살풍경을 바라보다가
지치고 느른한 몸에 이끌려
그리운 엄마 품인 듯 고개를 떨구고
스르라니 말뚝잠이 든다.

난
열릴 때마다 깊은숨을 힘껏 몰아쉬는
은색 자동문의 덜컹임에 맞춰
지치지도 않고 다리를 떠는
건너편 앞자리 남자의
마른 다리를 본다.

긴 밤

이 밤
어둑한 창 앞에서
서성이다가
찬 이부자리 안에서
뒤척이다가
적막이 깊어 갈수록
살바람 앞에 흔들리며
아슬히 타오르는
너에게 갇혀
난 움직일 수 없다.
꼼짝 못 하는 난
두려운 침묵 속에서
조용히 손을 내밀어
어른거리는 너를 잡는다.
손에 잡힌 건
여전히
칠흑을 입은 시간
기억 속으로
멀어져가는 너

옛날 노래

붉게 물든 노을 바라보면
슬픈 그대 얼굴과
수학여행 버스 창밖
흑백 풍경 속에서
친구들과 재잘거리며
햇살처럼 번지던
너의 입가 예쁜 미소가 떠올라

이 밤이 흐르고 흐르면
나를 정말 떠나간 그대와
인적 없는 버스정류장 앞
레코드 가게 조명 아래
작은 그림자로 멈춰서
말없이 멀어지던
너의 슬픈 뒷모습이 떠올라

누구나 세상을 살다 보면
마음먹은 대로 되지 않을 때
푸른 잔디밭 한 편
목련꽃 진 자리에 앉아
흐물어진 막걸리잔을 주고받으며
달빛 아래 빛나던

너의 환한 얼굴이 떠올라

봄바람 휘날리면
흩날리는 벚꽃잎 같던 나와
기억의 끝에 머물던
아련한 풍경 사이에서
젖은 창 너머 흐릿하여
닿을 수도 만질 수도 없던
너의 마지막 모습이 떠올라

비 오는 날

검회색 구름이
무겁게 내려앉아
가늘고 길게
비가 내리는 오후

알록달록 우산 아래
나란히 팔짱을 끼고
살갑게 빗길을
함께 걷는다.

젖은 재킷을 입고
물길을 건너며
두런두런 밤새워
함께 걷는다.

그 친구

늦은 밤 홀로
빛나는 별을 만나면
어릴 적 함께
뛰놀던 친구 생각나

짓궂은 장난에도
문 앞 기다림에도
늘 씩 하고 웃던 녀석

제 것에 아낌없고
내 옆 묵묵히 지켜
늘 한 편이었던 친구

오랜만에 전화 통화를 해도
뭐하냐 한 마디면 되는 친구
생각나

한참 만에 얼굴을 보아도
술 한잔이면 다 아는 그 친구
그리워

고라니

크고 밝은 눈
쫑긋 둥근 귀
검고 촉촉한 코
잘 빠진 몸매
가늘고 날씬한 다리로
빛이 닿지 않는
깊은 숲에서
어미 품을 찾아
주저하다 내디딘 찰나
차가운 길 위로
무겁게 무너져
짓이겨진 긴 밤
작지만 우아했던
너의 자리에
남은 건
마른 피

하기 싫은 일

하기 싫은 일을 하다가
어떻게 하면 안 하고 살까?
앞에 서서 한참 인상을 쓰고
요리조리
궁리를 해보았다.

아 모르겠다
방법이 없다
그 순간
알았다.

하기 싫은 걸 안 하는 법은
해서 없애는 것
하면 안 할 수 있다.
아! 그러네
이렇게 간단했네

그런데
뭔가
속은 듯

기억

가물가물하다.
갑자기 오고
불현듯 간다.

부른 적 없는데
제멋대로 찾아와
흔들어 놓고

보고 싶어
아무리 불러도
도무지 기별이 없다.

가을 나들이

볕 좋은 가을날
하늬바람 그리운 아내의 손에 잡혀
만사 귀찮은 아이들 등 떠밀어
무작정 나선 새만금 나들잇길
바람결을 따라 야미도를 지나고
물비늘을 따라 신시대교를 건너면
새만금로 천오십사 번지
이디야 카페 수국섬디아이점
큰 창을 열어 푸른 바다가 가득한
눈도 몸도 편한 명당에 앉아
나른한 아내는 달달한 바닐라 라테
노곤한 나는 달콤한 캐러멜마키아토
따분한 아이들은 새콤달콤한 블루베리요거트

눈도 입도 맘도
편안하고 달콤한
행복한 산들네
가을 나들이

함께 걷는 길

이슬아침에
학교로
혼자 걷는 길
힘없는 그림자와
앞서거니 뒤서거니
시험 걱정 숙제 걱정
발걸음 무겁게 걷는 길

학교가 끝나고
집으로
함께 걷는 길
시끌벅적 친구들과
어깨를 마주하고
축구할까? 게임할까?
장난치며 신나게 걷는 길

녀석

찐 만두처럼 포동포동
삶은 감자처럼 동글동글

동에 번쩍 서에 번쩍
여기서 쿵 저기서 쾅

하루 종일 이름을 부르며
꽁무니를 쫓아다녀도

제 일 아니라는 듯 사람 좋은 얼굴로
무심한 듯 제 갈 길을 간다.

허리춤에 손을 놓고
짐짓 으름장을 놓아도

사탕 하나 손에 넣을 때까지
실없이 웃으며 다른 나라 말을 한다.

녀석 보통이 아니다.
만만치 않다.

보여줘야지

뭔가 보여줘야지
하면 실수를 한다.
뭔가 보여줘야지
하면 힘이 들어간다.
뭔가 보여줘야지
하면 되는 게 없다.

젠장

입술이 헐다

무얼 그리 급히 먹으려 했는지
아랫입술을 양껏 깨물었다.
아픔에 짜증이 배어
말도 못 하고
물이며 음식이며
닿을 때마다
따갑고 쓰라려
며칠을 신경 쓰며 보내었다.
오늘 아침 거울을 보니
작은 상처가 하얗게 헐었다.
입술에 작은 상처 하나에
온몸이 헐고
기분이 헐고
하루가 헐고
입술에 작은 상처 하나가
몹시도 아프고
몹시도 힘들고
몹시도 언짢고
죽을 맛이다.
고놈 참 고약하다.

취향

봄이 좋아
분홍색이 좋고
놀이동산 가고 싶어
크림 스파게티 먹을래
로맨스 영화 볼래

음
그렇구나
그래
그러면
나도

봄이 좋아
분홍색이 좋고
놀이동산 가고 싶어
크림 스파게티가 맛있고
로맨스 영화가 재밌어

내 취향은
바로 너니까

못하는 이유

우리가 못하는 이유

어쩌면
머리가 나쁜 탓일 수도 있지만
더러는
재능이 없는 탓일 수도 있지만
때로는
기회가 없는 탓일 수도 있지만

보통은
꾸준히 하지 못한 탓이지
대개는
끝까지 하지 못한 탓이지
결국은
열심히 하지 못한 탓이지

어머니 꿈

지난밤 어머니 꿈을 꾸었다.
꿈에서 만난 어머니는
불편 없이 건강하셨고
근심 없이 평안하셨다.

사무치게 반갑고 궁금하여
대체 어디에 계시냐고
도통 어찌 지내시냐고
숨 가쁘게 물어보아도

그저 난 잘 있다
걱정 말거라
아무 일도 없다는 듯
그윽한 미소로 바라보신다.

행여 급히 떠나가실까?
두 손으로 꼭 붙잡은 어머니 손은
거칠고 굳은살이 따스했던
아프고 힘들 때 꼭 잡아주던 손

꿈에서도
잘 지내거라

아프지 말거라
힘내거라

짧은 밤은
바람처럼 스치고
오는 아침은
야속하기만 하였다.

매미

한여름 온종일
매미가 운다.

매엠매엠 찌르르르
밈밈밈밈 찌이이이

이 나무 저 나무
가지마다 요란하다.

나 여기 살아 있다고
알아 달라는지

누구 소리가 더 큰지
서로 내기라도 하는지

있는 힘 없는 힘
짜내어 우는 모양이

우리네 삶과
다를 바 없다.

에휴

에휴 힘들어
에휴 귀찮아
에휴 지겨워
에휴 또 시작이네
에휴 말하나 마나
에휴

에휴 괜찮아
에휴 힘들었겠다.
에휴 별수 없지
에휴 말 안 해도 다 알아
에휴 우리가 참자
에휴

같은 에휴
다른 에휴
에휴

취하다

눈앞에 넌
아른거려
보일 듯 말 듯
물결을 지으며
나를 본다.

네 앞에 난
흔들리며
잡힐 듯 말 듯
나를 바라보는
너를 본다.

나를 보는 너
너를 보는 나
그리고
술에 취한 나
너에 취한 나

여름휴가

저 멀리 뭉게뭉게 뭉게구름
그 아래 넘실넘실 푸른바다

저 앞에 하늘하늘 야자수잎
그 아래 하하히히 두아드님

눈 앞에 꼬물꼬물 내발가락
그 아래 살랑살랑 맑은풀장

코 앞에 간질간질 한들바람
그 아래 노곤노곤 낮잠한숨

내가

내가 볼 수 있는
어두운 밤하늘의 끝

내가 들을 수 있는
앙상한 달의 속삭임

내가 담을 수 있는
작은 별들의 반짝임

내가 어쩔 수 없는
깊은 밤의 고요함

내가 잡을 수 없는
구름 사이 숨은 별

내가 전할 수 없는
널 향한 나의 사랑

노부부

비행기에서
노부부 옆자리에 앉았다.
나이가 지긋한 부부는
말없이 손길 하나 눈길 하나로
서로가 원하는 걸 다 아는 듯
편안해 보인다.
아내가 서툰 손짓으로
바쁘게 스마트폰을 만지다가
옆자리 남편에게 내민다.
나도 궁금해 슬쩍 곁눈질로 보니
귀여운 손주의 재롱이다.
두 부부는
한참을 흐뭇하게
작은 화면에서
눈을 떼지 못한다.
나도 지난 시절
우리 아이들 재롱에
미소 짓던 부모님이 떠올라
그리움에 잠시나마
눈을 감고
부모님 생각에 잠겼다.

고쳐쓰기

멀쩡히 잘 되던 것들이
갑자기 되지 않는다.

당황스럽고 불편하여
한숨이 난다.

잘 알지도 모르면서
열어보고 만져보고

흔들어도 보고
두드려도 본다.

오래돼서 그렇겠지
닳아서 그렇겠지

짜증스럽고 피곤해도
힘이 들고 돈이 들어도

별수 있나 고쳐 써야지
물건도 사람도

개판 오 분 전

긴 밤
빈 수저를 빨다가
동살에 서둘러
주린 배를 붙잡고
줄을 서는데
행여 내 몫
밥 한 덩이가 없을까?
조마조마하여
참지 못하고
조금씩 앞으로 가다가
밀리다가 밀치다가
성을 내다가
고성을 지르다가
에라 모르겠다.
달려들었다.
나도
너도
개판 오 분 전이다.

장염

밤새
쥐어짜는 듯
아랫배가 꼬이며 아프다.
화장실을 들락이며
잠을 이루지 못하고
열이 난다.
탈이 났다.

지난밤 회식 자리에서
밥도 거르고 술잔을 기울였고
아침 출근길에 목이 타
찬 커피를 들이켠 탓이려니

눈앞의 달콤함에
눈이 멀어
한 치 앞도
못 내다보고 사는 탓이지
누굴 탓하랴?

아픈 배를 부여잡고
시름시름
아이고! 배야

경기

기대와 초조가 뒤섞인 긴장 위에
박힌 못처럼 버티어 섰다.
날카로운 휘슬과 함께 시작된 경기
난 낯선 공기의 흐름을 쫓지 못하고
흔들리는 마음을 따라
준비 안 된 춤을 춘다.

예기치 않게 찾아온 기회는
어리석은 손짓에 가려
회한의 한숨에 묻히고
무거운 고개는
가쁜 숨을 따라 떨어진다.

적은 크고 두렵게
나를 막아서고
주린 승냥이처럼
끊임없이 빈틈을 노린다.
목덜미를 물린 난
옴짝달싹 못 한다.

만취

이제 이른 밤인데
한껏 꼬인 혀로
언제부터였는지
한 소리를
하고
또 한다.

생각은
허우적대며
나아가지 못하고
말은
혀에 붙잡혀
어눌하고
눈은
초점을 놓쳐
흐릿하다.

깊고 거친 호흡은
바닥으로 떨어지고
떠밀리듯 걷고
붙잡히듯 서며
앞뒤로

좌우로
젖은 몸이 쏟아진다.

오늘은
또 무슨 이유로
만취인가?

동아줄

떨리는 손끝은 사방 벽에 막히고
딛고 선 땅은 단단하지 못하여
제자리에 머물기도 힘에 겹다.

마음은 발버둥을 치는데
야윈 몸은 옴짝달싹하지 못하고
눈은 두려움에 갇혀 눈물겹다.

손도 눈도 닿지 않는 빛의 흔적
짐승의 울부짖음은 마른 절규로 돌아오고
생은 어둠 속으로 질척이며 시름겹다.

행여나 단단히 꼬인 동아줄이 내려올까?
지푸라기라도 잡는 심정으로 기도하지만
손에 잡히는 건 차가운 빈 공기

궁금증

갖고 싶은데
가질 수 없는
가지면 안 되는 것들

보고 싶은데
볼 수 없는
보면 안 되는 것들

먹고 싶은데
먹을 수 없는
먹으면 안 되는 것들

하고 싶은데
할 수 없는
하면 안 되는 일들

왜 이리 많아
나만 그래?
너도 그래?

만족

지금의 삶에
만족하지 못하면
평생 불행 속에 헤맬 거야

평범하게
보통의 삶을 사는 것
이게 보통 어려운 게 아니야

정말 애쓰고
노력해야
이렇게
살 수 있어

이기는 것보다
힘든 게
성공하는 것

성공하는 것보다
힘든 게
만족하는 것

그리워

크고 예쁜 눈에
반짝이는 별이 가득
작고 귀여운 입에
향기로운 꽃이 가득

꼼지락꼼지락
손짓 하나에
까르르

꼬물꼬물
몸짓마다
꿀이 떨어지던

그 시절
아장아장
그 아이들
눈에 밟혀
그리워

마음이 한다

방법이 보이지 않는
답답한 일도
과연 할 수 있을까?
어려운 일도
끝이 보이지 않는
막막한 일도
피하고 싶은
두려운 일도

머리가 손이 시간이 하는 것 같아도
결국은 마음이 하는 것

해보자
해낸다.
별거 아니다.
할 수 있다.

결국은 마음이 한다.

동행

사람은 자연과 더불어
배움은 시련과 더불어
기쁨은 슬픔과 더불어
나무는 바람과 더불어
햇살은 그늘과 더불어

나는 너와 더불어
함께
같이
손잡고
간다.

2부

―

흐린 가을 하늘 아래서

눈을 떼지 못했어
손을 놓지 않았지

문

우리 사이
방이 나뉘어
너는 이제
너의 방에 머무른다.

그 사이
벽이 막아서
나는 이제
나의 벽에 마주한다.

차갑게 닫힌
문 앞에서
아픈 손잡이를
잡았다가 놓았다.

식어버린 너에게 가는
낯선 길 위에서 난
첩첩이 주저하고
떨리며 망설인다.

수건

수건은
뽀송뽀송
가볍고 깔끔하게
부드럽고 폭신하게
반듯하게 접혔다가
가지런히 걸리었다.

마른 수건은
오늘 아침도
차갑고 축축하게
기꺼이
제 몸을 적셔
나를 말린다.

젖은 수건은
이 밤도 말없이
눅눅하게
엉망으로 던져지고
아프게 빨리고
뜨겁게 말려진다.

초능력

비행飛行
날 수 없는데
날아다닌다.
학교에 번쩍
학원에 번쩍

은신隱身
눈에 보이나
보이지 않는다.
차 안에서 기다리며
한 시간은 기본이다.

변신變身
없던 힘이
솟아오른다.
이성을 잃고
싸울 수 있다.

초감각超感覺
청력, 시력, 직감을
극대화한다.
어디서든 느낀다.

쎄하면 틀림없다.

불사不死
절대
죽지 않는다.
재생하고
소생한다.

닮다

커가는 아이들에게서
나의 어린 시절을 만난다.

좋은 것
안 좋은 것
원하든
원하지 않든

아이들이 나와
바라보는 시선이 닮는다.
살아가는 방법이 닮는다.

손짓
눈빛
표정
생각
습관

부족함도
어리석음도
다 내가 준 것
다 내 탓인 것

사과

아내의 성화에
곤히 잠든 아들을 깨우려다
문득 멈춰 바라보았다.
언제 이렇게 컸을까?
나보다 한 뼘이나 커버린 아이의
아직은 어린 얼굴을
한참을 바라보다가
가슴이 먹먹해졌다.
무겁고 거칠게 꾸짖었던
지난 밤들이 떠올라
미안해졌다.

그렇게 화낼 일이 아니었는데
그럴 수도 있는 건데
그러지 말았어야 했는데

넌 참 좋은 아이야
네가 잘할 거라 믿어
말없이
조용히
잠든 아이의 따뜻한 손을 꼭 잡았다.

파초선 芭蕉扇

철선 공주의 파초선
불길을 다스리는 신묘한 부채
한 번 부치면 천둥 번개가 치고,
두 번 부치면 태풍이 분다.
폭풍우가 온다.
파초선 작은 부채질 한 번에
세상이 뒤집어진다.

너의 짧은 말 한마디가 파초선
잠시 스치는 눈빛 하나,
작은 표정 하나가 파초선이다.
말 한마디에 죽고 살고,
눈빛 하나
표정 하나에 망하고 흥한다.
사람의 삶이 뒤집어진다.

후회

눈살을 찌푸리고
못마땅히 보다가
참지 못하고
기어코 내뱉는 말들

돌이켜보면

말을 말걸
그러지 말걸
한 번만 참을걸
한 번 더 참을걸

그 시절 우리가 사랑한 건

그 시절 우리가 사랑한 건
내 품에 스며들어 웃던 너
네 눈에 머물며 미소 짓던 나

그 시절 우리가 사랑한 건
내게 매달려 재잘거리던 너
네게 이끌려 따라 걷던 나

그 시절 우리가 사랑한 건
네 작고 어설픈 몸짓
내 크고 행복한 미소

바람도 없이
기대도 없이

욕심도 없이
실망도 없이

그 시절 우리가 사랑한 건
꾸미지 않고 생긴 대로
애쓰지 않고 있는 대로

그저 그대로의 너
그냥 그대로의 나

답답해

오늘따라 유난히
내 안으로 네가
퍽퍽하고 메마른
삶은 고구마처럼 들어앉아
삼킬 수도 없고
뱉어낼 수도 없어
속이 꽉

오늘따라 갑자기
내 안에 네가
무겁고 단단한
차가운 돌덩이처럼 눌러앉아
들어낼 수도 없고
꼼짝할 수도 없어
숨이 턱

속이 터져
그저 멈춰서 바라볼 뿐
아무것도 할 수 없어
입을 뗄 수도 없어
숨이 막혀
답답해

Whatever it takes

아낌없이
주저없이
끊임없이
변함없이
쏟아부었어
갈아 넣었지

한순간도
눈을 떼지 못했어
손을 놓지 않았지

믿음은 굳건했고
의심하지 않았어
무슨 일이 있어도
어떤 일이 있더라도
모든 걸 걸고
사랑했지

그거면 됐어
후회 없지

천신만고 千辛萬苦

아이의 유년기
이거 달라 저거 달라
울고불고 난리다.
손이 많이 간다.
바쁘고 힘들다.
잘 클까?
아프진 않을까?
천 가지 매운맛이다.

아이의 사춘기
무슨 생각을 하는 건지
도무지 알 수 없다.
마음이 많이 간다.
아프고 괴롭다.
잘할까?
힘들진 않을까?
만 가지 쓴맛이다.

아이를 키우는 건 천신
부모가 된다는 건 만고

아들아

실패는 누구나 겪는 일이야
돌이킬 수 없고
아프고 쓰리지만
언제까지 네 옆에 있지 않을 거야
실패는 한자리에 머물지 않고
이리저리 옮겨 다니며
사람들을 힘들게 하는 고약한 녀석이니
네게만 있지 않을 거야
네가 실패를 두려워하지 않고
당당히 맞서는 순간
실패는 저 멀리
뒷걸음칠 거야

후회는 새벽안개처럼
잠시 스쳐 가는 것
다시 주어져 맞이할 볕을
기다리고
다시 힘내 나아가렴

바람

바람이 분다.
바람은 홀연히 나를 스치고
나는 바람의 끝에서
차고 쓴 너를 본다.
함부로 던진 말은
날카롭게 되돌아와 꽂히고
주춤거리며 나서지 못한 말은
후회 속에 머문다.
눈앞에 넌 하염없이 멀어지고
우리 사이엔 깊고 무거운 적막이
겹겹이 막아서
이젠 흐릿한 너를
잡을 수도
만질 수도 없다.
바람이 분다.
바람은
몹시도 거세게
나를 날린다.

몰랐어

오른 주머니에 하나
왼 주머니에 하나
언제나 넣고 있었어
없지 않았어
항상 있었지
다만
손에 잡힌 게
가진 전부인 줄
그래서
나는 없다고
나만 없다고
투덜대며
울먹였어
그땐 몰랐었지
그토록 찾았던 건
다른 주머니 속에서
오래전부터
내 손에 쥐고 있었던 걸

도깨비방망이

옛날이야기
도깨비가
금 나와라 뚝딱
은 나와라 뚝딱
방망이만 두드리면
눈앞에 금은보화가
눈앞에 진수성찬이

요즘 세상엔
아이들이
말만 하면 뚝딱
말 안 해도 뚝딱
부모만 쳐다보면
눈앞에 필요한 것이
손안에 원하던 것이

참 좋은 세상이야
참 꿈같은 세상이야

그런데 이상한 게
주림 없이 먹어도
불편 없이 누려도

세상은 그리
편하지 않네
아이들은 그다지
행복하지 않네

이것저것 다 만드는
도깨비방망이도
행복을 만들 순 없나 봐

Adiós

생각이 뒤틀린다.
시작 모를 꼬여버린 생각들이
서로 엇걸어
가슴을 가리고
그는 이제
단단히 팔짱을 끼고 본다.

아무런 진동이 없는 시간
괴로운 고요가 뒤돌아선다.

차갑게 얼어붙은 가로등 아래서
뜨겁게 녹아 사라진 너는
갈 곳을 잃고 힘없이
내 두 눈에 머물다가
이내 교묘히 나의 시선에서 벗어나
종적을 감추었다.

Adiós

나의 잘못

너무 사랑한 게 잘못이었어
너의 삶은
너의 것인데
마치 내 것인 줄
착각하며 살았어
너의 아픔은
너의 것인데
내가 아파서
네가 아프지 말라고
안달하며 살았어
그게 아닌데
네가 겪고
견디며 살아가야 하는데
넌 너고
난 나였는데
그걸 몰랐어
아니 인정하지 못했어
너무 나만 생각했어
너무 너만 생각했어
미안해

우리

난
그저
절절히
애타며
답답해
숨 막혀
턱

넌
그냥
힘없이
조용히
멍하니
무심히
툭

야호

고등학생이 된 큰 녀석이
기숙사에서 지낸다.

버스 타고 오가는 시간이 아깝다며
더 열심히 하겠다며 고집을 부려
선뜻 허락 못 한 엄마를 기어코 이기고
끝내는 잔소리로 기억되는 관심으로부터
열일곱 해 만에 작은 독립을 이뤄냈다.

야호

콧노래를 부르며 짐을 싸는 모습이
저리 좋을까? 서운하고 괘씸하여
짐과 녀석을 기숙사 앞에 던져놓고
홀가분히 집으로 돌아오는 길에서
열일곱 해 만에 작은 해방을 맞이했다.

야호

고등학생이 된 큰 녀석이
기숙사에서 지낸다.

실랑이

이래라 저래라
귀찮게 하지 마

맞니 틀리니
못살게 굴지 마

옳으니 그르니
힘들게 하지 마

내 마음이야
내 인생이야

그래
나도 알아

그런데
너는 몰라

그래서
그래

째려보다

못마땅하고 아니꼽다.
못되고 고약한 기분을
서슬 퍼런 혀에 담아
인정머리 없이
차갑게
아프게
나의 마음을 벤다.
날카롭게 잘린 나는
뿌옇게 흔들리는 눈으로
너를 보다가
눈을 감는다.
물에 잠긴다.

아이를 키우는 건

아이들이 클수록
키우는게 힘든건
아이들이 큰만큼
부모들은 못커서
아이들이 어릴적
말잘듣고 예쁘던
아이들이 아닌데
부모들은 아직도
품안에 자식인줄
착각속에 살아서
마음대로 안되고
서운하고 속상해
생각처럼 안돼서
하루하루 힘들어
아이를 키우는건
결국은 부모들이
더불어 커가는것

모르지

나의 품 안에서
나만 바라보며
방긋 웃어주던 너
작은 움직임에도
놀라워 눈물짓던 나

너의 손 붙잡고
너를 바라보며
가득 미소 짓던 나
작은 목소리에도
설레어 행복하던 나

그때는 몰랐지
그때가 좋은지
저 때는 몰랐지
저 때가 그리울지
아무것도 몰랐지

지금도 모르지
지금이 좋은지
지금도 모르지
지금이 행복한지
여전히 모르지

고집

난 이게 편해요
난 원래 이래요

고집
고집이 향하는 곳이
올바른 곳이라면
괜찮다.

하지만
그게 아니라면
고집은
너를 힘들게 할 것
남을 힘들게 할 것

척

해야 할 것을 하지 않고
눈을 속여
남을 속여
나를 속여
한 척하고 있으면
한 척하고 넘어가면

머지않은 날

먹고 싶은 걸 못 먹고
먹은 척해야 해
갖고 싶은 걸 못 갖고
있는 척해야 해
싫은 걸 하면서
좋은 척해야 해

금쪽 같은 내 새끼

금쪽 같은 내 새끼
오냐오냐
그래그래
네가 최고다.
네 말이 옳다.
하고 싶은 대로
마음대로 해라.

금쪽 같은 내 새끼
노심초사
전전긍긍
몸이 상할까
기분이 상할까
걸리기만 하면
가만두지 않겠다.

금쪽 같은 내 새끼
얘도 금쪽
쟤도 금쪽
세상이 온통 금쪽이라
눈이 부셔
눈 뜨고

볼 수가 없다.

금쪽 같은 내 새끼
멋지게
예쁘게
빛나게 키우려면
뜨거운 불길
아픈 망치질
참게 해야지

금쪽 같은 내 새끼
가치 있게
소중하게
반짝이게 키우려면
남의 가치
남의 소중함
알게 해야지

세월

세월이 흘러가면 어디로 가는지
이제는 알 것 같아
세월은 흘러
쉬지도 기다리지도 않고
야속하게 흘러
세월이 약이라 믿고
세월에 속아 살지만
세월은 결국
나의 삶으로 흘러
변변치 못한 나의 오늘에 녹아
머리로 희게 모이고
어깨로 무겁게 지어지고
가슴으로 아프게 미어져
지친 표정으로
슬픈 눈으로
나를 보고 있어

이상하다

이상하다.

나는 되지만
너는 안 된다.

나한테 하는 건 싫지만
너한테 하는 건 괜찮다.

내가 받는 피해에 밝지만
내가 주는 피해에 어둡다.

오늘 이득은 알지만
내일 손해는 모른다.

항상 나만 알고 사는데
결국 나만 모르고 산다.

천지삐까리

요즘 세상
이상한 사람들
이상한 상황들
천지삐까리다.
온 들판에
쌓아 놓은 볏단처럼
흔하디흔해
어딜 가나 있고
어딜 가나 만난다.

도대체
왜 저러는 걸까?
도무지
이해가 안 가는
피할 수도 없는
사람들
상황들
아 무섭다
아 힘들다
아 지겹다

작은 새

작은 새 한 마리가
무슨 까닭인지
학교 안에 갇혔다.

놀람에
갑갑함에
이리저리
허둥지둥
안쓰럽다.

파란 하늘
눈에 보여
아무리
날갯짓을 해보아도
창밖으로
나갈 수 없어

저 작은 새
애처로워

왜 그럴까

왜 그럴까?

도대체 왜
하라는 건
죽어도 안 할까?

도대체 왜
하지 말라는 건
기어코 할까?

이유가 뭘까?

살풍경

메마른 학교 옆에
더 메마른 학교가 있다.

시든 교실 옆에
더 시든 교실이 있다.

화난 엄마 옆에
더 화난 엄마가 있다.

아픈 아이 옆에
더 아픈 아이가 있다.

슬픈 나의 옆에
더 슬픈 네가 있다.

날씨 탓

흐린 새벽하늘이
돋을볕의 손을 붙잡고
놓아주지 않는지
가을 보슬비에 젖은 옷
우산도 없이 터덜터덜
잔뜩 찌푸린 아침

온몸이 천근만근
팔다리가 찌뿌둥
까닭 없이 퉁
괜스레 울적
하고 싶은 게 없다.
날씨 탓인가?

세상살이

세상살이

앞서가지 못해도
같이는 가야지

뒤처져 가더라도
멈추지는 말아야지

누리지 못해도
뺏기지는 말아야지

나누진 못해도
빼앗진 말아야지

도움을 안 되어도
피해는 되지 말아야지

남을 위하지 못해도
나만 알진 말아야지

나쁜

나쁜 건
나쁜인 거다.
그래서 나쁜 거다.

나밖에 몰라서
남을 힘들게 하고
남을 어렵게 하고
남을 슬프게 한다.
그래서 나쁜 거다.

나쁜 건
나쁜인 거다.
그래서 나쁜 거다.

맘대로 되는 일

세상사
무엇 하나
맘대로 되는 일이 없다.
당연한 거라고
씁쓸히 지나치지만
마음 한구석
서운하고
속상하다.

별거
아니라고
다 그렇게 산다고
잊어버리라고
괜찮은 척하지만
마음 한구석
힘이 빠진다.
눈물이 난다.

3부

―

긴 겨울의 끝

진실은 봄처럼
정의는 새벽처럼

단념의 시대

생각을 끊다.
깨끗이
미련 없이
마음속으로부터
완전히 기대를 버리다.

고개 숙인 체념이 아니다.
등 떠밀린 포기가 아니다.
마음을 접고
흔들림 없이
담담하게
내려놓는 일

꿈은 흔들리며 허우적거리고
기다림은 하염없어 지치며
사랑은 아프게 돌아와
나는 오늘도
단념의 시대에 살고 있다.

나를 힘들게 하는 사람들

예기치 못한 순간에
불쑥 들어와
느닷없이 소리를 지른다.

뜬금없이 화를 내고
버럭 달려들어
다짜고짜 멱살을 잡는다.

소매를 걷어붙이고
욱하여 덤벼들고
펄쩍 뛰며 난리를 친다.

영문도 모르는데
발끈하여 다그치고
불같이 짜증을 낸다.

맘대로 헤집어놓고
별거 아니라고 한다.
어이가 없다.

겨울에 살다

무례히 내뱉은
상스런 말들이 귓가에
날리면
우린 흔들리는 눈으로
서로를 바라본다.

내가 다 부끄러운
천박한 손짓에
휘청이며

비열한 미소는
아프게 마음에 번지고
어둡고 무거운 걸음의 흔적들이
힘겨워

험한 손에 틀어막힌 정직한 입
거친 몸에 가로막힌 소박한 꿈

우린 긴 겨울에 살고 있었다.
우린 긴 밤에 살고 있었다.

점입가경 漸入佳境

사슴을 보고 말이라 한다.
분명 뿔난 사슴인데
말이라 한다.

보이지 않는다고 한다.
작은 손바닥으로 하늘을 가리고
파란 하늘이 보이지 않는다고 한다.

믿을 수 없다고 한다.
콩으로 메주를 쑨다 해도
장을 만들 메주가 아니라 한다.

갈수록 태산이다.
첩첩산중
점입가경이다.

네가 없는 너의 날

오늘은
그동안의 노고에
박수를 받으며
경례를 받으며
환호를 받으며
떠나가야 할
너의 날

오늘은
뜨거운 눈물을 흘리며
움켜쥔 주먹을 들고
거칠어진 손을 꼭 마주 잡고
어깨를 토닥이며
떠나가야 할
너의 날

근데
넌 어디에 있느냐?

네가 없는
너의 날
너는 왜 이리 급히 떠났느냐?

위로

그 밤
갈 길을 잃은 건
네 잘못이 아니야
달은 상실 속에 잠기고
별은 슬픔 뒤에 갇혀
그 밤은
누구도
앞을 보지 못하였고
두렵고 황망하여
소리내어 울 수도 없었어
바위 밑에
덤불 아래
숨죽여 몸을 숨긴 건
너만이 아니었어
나아갈 수 없었던 건
우리 모두였지
고개를 들어
눈물을 닦아

돼지 한 마리

먹을 만큼 먹었고
즐길 만큼 즐겼지
가질 만큼 가졌고
누릴 만큼 누렸어

이만하면 됐지
이제
미련 없이
일어서려 하는데

찢어진 뱁새눈이
양심에 털이 난
도둑놈 심보에 붙잡혀
똬리를 틀고 꼼짝달싹 안 한다.

게걸스레 바라보는 시선에는
더러운 군침이 흐르고
추잡한 잔꾀가 번득이며
역겨운 욕심이 가득하다.

진흙과 오물 속에 더럽게 뒹굴며
서로 뒤엉켜 밀치고 밀리고

사료통에 머리를 파묻고 쩝쩝거리는
뒤룩뒤룩 살이 찐 돼지 한 마리 거울에 비친다.

갸우뚱

도대체
어쩌라는 건지
알 수가 없어서
갸우뚱

도저히
뭔 소리인지
이해가 안 돼서
갸우뚱

도무지
왜 저러는지
어이가 없어서
갸우뚱

우리는
하루 종일
갸우뚱
갸우뚱

내로남불

도긴개긴
오십보백보
사돈 남 말하며
똥 묻은 개가
겨 묻은 개를 나무란다.

내가 하면 로맨스
남이 하면 불륜

사람을 판단하고
세상을 바라보는
대단히 희한한 시선
도무지 이상한 방법

어찌하여
형제의 눈 속에 있는
티는 보고
네 눈 속에 있는 들보는
깨닫지 못하느냐

통곡

새끼를 잃은 어미가
간담이 떨어져
세상을 잃은 어미가
간담이 찢어져
말할 수 없는 고통에
이길 수 없는 슬픔에
속절없이
울다가
슬피 울다가
구슬피 울다가
소리쳐 울부짖다가
목이 메어
꺼이꺼이
가슴을 치다가
몸부림을 치다가
지쳐 쓰러져
새끼를 잃은 어미는
울 수도 없어
움직일 수도 없어
살 수도 없어
죽을 수도 없어

개소리

듣기 싫다고
말도 안 되는
헛소리하지 말라고
쓸데없는
개소리 하지 말라고
그러는 건 아니지
그래서는 안 되지

그럼에도 불구하고
이 뭔 개소리인지
끝도 없는 거짓말에
당치도 않는 말을
부끄러움도 없이
뻔뻔하게 내뱉어
참을 수가 없다.

개를 그리 좋아하여
개소리를 하는 건지
개 탈을 쓴 사람인지
사람 탈을 쓴 개인지
사람 소리인지 개소리인지
알 수가 없다.

미치겠네

뜬금없이
난데없이
까닭 없이
밑도 없이
끝도 없이

덮고
묻고
속이고
숨기고
외면하고

이상한 일
희한한 일
엉뚱한 일
기묘한 일
괴이한 일

미치겠네

우리는 왜

우리는 왜 이 밤
누군가의 끝을 위해
찬 거리에서
뜨겁게 만나야 하는가?
낯선 이들과
환하게 빛나야 하는가?
부르지 못하는 노래를
목 놓아 불러야 하는가?
시린 자리에서 마른 막대가 되어
붉게 타올라야 하는가?

우리는 왜 이 아침
누군가의 끝에서
떨리는 가슴으로
두 손 모아 기도해야 하는가?
머리를 감싸고
숨죽여 흐느껴야 하는가?
새로운 벅찬 시작을
힘차게 꿈꿔야 하는가?
자리를 박차고 일어나
두 팔을 높이 들어 소리 질러야 하는가?

어이할꼬

나는 되고
너는 안 되는
이상한 세상

그땐 맞고
지금은 틀린
신기한 세상

안하무인眼下無人
곳곳에
한가득

오만傲慢방자放恣
날마다
한바탕

산 넘어 산이네
도무지 끝이 없네
어이할꼬

어느 죽음 앞에서 묻다

수없이 많은 죽음 중
안타깝지 않은 죽음이 있을까?
떠나가고 떠나보내며
다신 볼 수 없음이
슬프지 않을 수 있을까?
죽음은 언제나 괴로운 의례이지만
유독 눈을 뗄 수 없어
쉬이 벗어날 수 없는 죽음들이 있다.
달빛이 닿지 않는 곳에서
찢기고 뭉개져 아픈 죽음들
막을 수 없어 무기력한 죽음들이 있다.
차디찬 밤의 장막에 가려진
이유를 알 수 없는 억울한 죽음들
눈물이 마르지 않은 죽음들이 있다.
숨이 멎는 듯한 죽음들이 있다.
멈춰서 움직일 수 없는 죽음들이 있다.

화무십일홍 花無十日紅

겨울밤
독기 가득한
악하고 어두운 생각들이
제 목을 물었다.

허세로 선 얄팍한 비열은
건들건들 죄 많은 몸에 숨고
벼랑 끝 내몰린 어리석은 교만은
높지 않은 공중 산성에 숨는다.

산성 밑 깊고 어두운 나락에선
볼 수도 말할 수도 없는
파수하고 나팔을 불던 이들이
절망의 손을 뻗어 마중한다.

꽃은 열흘을 붉지 못하고
이제 뻔뻔히 제 난 곳
깊고 어두운 곳으로 돌아가
영겁의 세월을 맞이한다.

저들

두껍다.
낯짝이 두껍다.
저들의 낯짝이
두껍기 짝이 없다.
화가 난다.

차다.
기가 차다.
저들의 말이
기가 차 어이가 없다.
부아가 치민다.

뜨겁다.
낯이 뜨겁다.
저들의 삶이
낯이 뜨거워 견딜 수 없다.
열불이 난다.

광화문 비가悲歌

피가 마른 듯 검붉은 무리가
역설적으로 광화光化에 모여
검은 속을 숨긴
회색 바닥 위에서
거짓 선지자의 독사 같은 혀에
어두운 귀를 맡긴다.

신기루에 가려진
진실에 눈을 감고
의미도 모를
희고 빨간 깃발을 들고
서글픈 삶을 흔들어
죄인의 이름을 울부짖는다.

뭐가 그리 좋아서
무엇 때문에
무엇을 위해서
빛이 들지 않을
이름과 무리를 위해
병들고 여윈 몸을 던져
눈살 찌푸릴 야단을 피우는지

도무지
알 수 없어
안타깝고
안쓰러워
서글프네

그, 그녀, 그들

그의 말투
그녀의 눈빛
그들의 얼굴

그의 자세
그녀의 걸음
그들의 삶

보통 만나고 보는 것이 아니다.
무언가 특별하고 이상하다.
괴이하고 섬뜩하다.

신명 神明

신명 나다.
신神이 몸에 깃들어
영혼에 흥분과 감동이 일어
주체할 수 없다.

생각한 대로
원하는 대로
되지 않는 일이 없으니
어찌 신나고 흥겹지 아니할까?

아름다운 흰 가면 안에 숨어
거짓의 부역자들과 함께한
꼭두각시놀이는
얼마나 우습고 즐거웠을까?

신神 아래 머물며
칼과 황금을 움켜쥔
욕망의 춤사위는
얼마나 황홀하여 혼미하였을까?

달을 말하지 마라

달을 말하지 마라.
감히
지는 보름도
차오르는 초승도
사라질 그믐에도
비하지 마라.
그저
빛이 닿지 않는 곳에서
어둠에 숨어
부끄러운 언사들이
자신의 영욕을 위하여
어지러이 모여
희번덕거리던
그 밤의 홍매화
그 거짓 눈물과 함께
새벽 여명에
소란스레 끝을 마주할
가증스러운
위선의 가면일 뿐
감히
달을 말하지 마라

주술

오방색 북과 징이 울부짖고
춤과 절규가 부둥켜
창백의 죽음 위에 서
검붉은 피를 바르고
시퍼런 칼을 꽂는다.

시름시름 병들어
비참히 고통을 업고
눈앞에서 사라지라고
잿빛 말을 읊고
핏빛 글을 쓴다.

눈을 가리는 먹색 향을 피워
흉측하여 섬뜩한 신을 부르고
달을 피하여 어둠에 모여
날 선 쇠를 마른 땅에 박아
밝음의 기운을 끊는다.

재명在明

재명在明
빛이 있어라

좁고 괴로운 이 맘
낡고 어지러운 이 방
춥고 어두운 이 밤

어둠을 깨고
새로이 차오르며
따스하게
밝게
환히
눈부시게
가득히

빛이 있어라

땀과 수고로
힘겨운 삶들이
바라보는 간절한 빛남

새로움과 기대로

반짝이는 삶들이
힘차게 내딛는 설렘

어둠은
지치지도 않고
멈추지도 않고
가시지도 않고
이 밤도 버티어 내겠지만

어둠이
짙을수록
별빛은 더욱 선명히
밤을 밝힐 것

재명在明
빛이 있어라

기원

어둠이 잠들지 않은
칠흑 같은 새벽에
끝 모를 광야廣野 앞에서

홀연히 멈춰
흔들리는 두 눈을 감고
눈물로 바라보는 당신

의연히 서서
떨리는 두 손을 모아
침묵으로 소리치는 당신

부드러운 눈가 끝에
굽힘 없는 당당한 기개氣槪가
여명黎明까지 밝게 빛나기를

사람 좋은 웃음 속에
타협 없는 곧은 정의正義가
서광曙光까지 변치 않기를

봄이 온다

겨울은
짙고 어두운 검은색으로
차고 무거운 남색으로
엷고 흐릿한 누런색으로
고단하게
지루하게
끈질기게
버틴다.

봄은
맑고 깨끗한 흰색으로
밝고 선명한 노란색으로
곱고 따스한 붉은색으로
어김없이
빠짐없이
멈춤 없이
온다.

4부

―

어여쁜 봄이 온다

노란 꽃신을 신고
산들바람을 타고

봄

재촉하지 않아도
봄이 오고 꽃은 피는데
이제나 오려나
저제나 오려나
시집간 누이를 기다리는
풀죽은 어린 사내아이처럼
담 너머
목을 길게 빼고
저만치 고개를 바라본다.
어서
어여쁜 봄이
꽃신을 신고
산들바람을 타고
나비처럼 사뿐히
내 마음에 오기를
세상이 온통 봄이기를
겨울 끝에 매달려
어제도
오늘도
기다린다.

은파를 걷다

해 질 녘 은파를 걷다.
숲이 품은 옥빛 물은
좋아라 가을 바람 손을 잡고
제 난 곳을 찾아가는지
잔잔히 흐르다가
천천히 거닐다가
고즈넉한 미소로 나를 본다.
나와 눈이 마주친 물은
가을 해가 선물한 은빛 옷을 입고
너른 가슴에 수묵도 없이
맑고 담백한 그림을 그려 내게 전한다.
물은 오늘도
구비구비 아흔아홉 고개를 넘으며
느티나무 가지마다 잎새마다 안부를 묻고
은빛 물결 비늘을
요란치 않게 화려히 반짝이며
물빛 넘어 오리 한 쌍에게
별빛 끝 연꽃 봉오리에게
물빛 아래 강준치 무리에게
별빛 위 우리에게
오늘도 살아내라 전한다.

마법

미칠 것 같은
죽을 것 같은
시간들도
며칠만 지나면
몇 달만 지나면
몇 년만 지나면
다 별거 아니야
다 잊히고
다 그런 일이 있었지
기억하게 될 거야

다 좋았었어
다 그립네
그때가 참 좋았어
그럴 거야

아침 운동

흐릿한 눈
피곤한 몸
무거운 맘
주섬주섬 챙겨
힘겹게
문을 열고 나서면

또렷한 눈
활기찬 몸
가벼운 맘
기분 좋은 내가
힘차게
문을 열고 돌아온다.

오늘도
어김없이
다섯 시
오십팔 분
알람이
나를 깨운다.

군산에 살다

난 지금
군산에 산다.
나고 자란 곳은 부천
청춘은 춘천에서
나이 먹고는 군산에 산다.

삶은 항상
가보라고
해보라고
살아 보라고
등을 떠밀고

나는 항상
낯선 곳에서의
익숙한 부름에
주저 없이
기꺼이 대답한다.

우리의 삶은
생각지 못한 어제가
기대치 않은 오늘이
꿈꾸지 않은 내일이

가득하고

어디서 시작해
어디로 향해
어디에서 머물며
어디서 멈출지
누구도 알 수가 없다.

안달

궁금해서
안달이다.
가슴 졸이며
언제나 오려나?
혹여나 왔을까?
보고 또 보고
똥 마려운 개처럼
안절부절
문간이 닳도록
들락날락

전화기 앞에서
기다리던
소식

현관문 앞에서
기다리던
물건

터미널 앞에서
기다리던
사람

한 그릇 한식뷔페

중앙로에서 지곡동으로 자리를 옮긴
군산초등학교 뒷길을 따라 걸으면
한 그릇 한식뷔페가 있다.

아홉 해 홀로 계신 아버지는
귀찮아 끼니를 때우시다가
작년부터 이 식당에서 점심을 드신다.

음식 솜씨 좋은 언니 사장님은
매일매일 가지각색 음식을 맛나게 차려내고
정갈하게 정성껏 손님들의 입맛을 챙긴다.

싹싹하고 사람 좋은 동생 사장님은
손님들이 좋아하는 음식 한 접시를 손수 챙기고
내 형제처럼 내 부모처럼 살갑게 마음을 전한다.

입소문 따라 제법 붐비는 한 그릇 식당에는
야무지게 맛 나는 음식들이 한 상 가득
따뜻한 사람 냄새와 행복한 미소가 한 그릇 가득

순간

모든 선이 한 점에서 시작하듯
모든 일은 한순간에서 시작한다.
한순간이다.

꽃길을 날아다님도
나락에서 허우적거림도
한순간에 기인한다.

순간은 찰나이지만

모든 게 멈춰서
영원 같은 순간이 있고
죽는 날까지 잊지 못하며
후회할 순간이 있다.

눈앞의 결과를 뒤바꿀
결정적인 순간이 있고
삶을 통째 바꾸어 놓을
운명의 순간이 있다.

한순간이다.

일탈

늘 가던 그 길에서
잠시 멈춰 서서
고개 돌려
걸어온 길을 돌아본다.
나의 발길이 지난 곳
나의 손길이 닿은 곳
나의 시선이 머문 곳
한참을 서서 본다.
당연한 듯 걸어온
그 길이
답답하고 무료하여
한 발 옆으로 비켜 서
다른 길로 들어서 가봤다.
새롭다.
낯설다.
불편하다.
힘들다.

아!
늘 가던 그 길이 좋다.
일탈은 싫다.

어린이날

어린이들아!
화면에서 만나는 세상이 아닌
푸른 하늘을 새처럼 날자

어린이들아!
손끝으로 그리는 세상이 아닌
푸른 벌판을 냇물처럼 달리자

하늘빛 푸르게
서로 손잡고 정답게

바다빛 푸르게
멋진 꿈 꾸며 건강히

오월의 푸르름 먹고 자라
나라의 주인이 되어

푸른 세상
너희들 세상
행복한 세상
만들어 보자

여유를 가져

하루하루
순간순간
뭐가 그리 급한지
짧은 기다림에도 안달복달
속을 태우며 안절부절

대충대충
빨리빨리
씹지도 않고 삼키고
못할까 늦을까 조마조마
발을 동동 허둥지둥

제발
멀리 보고 차분히
길게 보고 천천히
느긋하고
침착하게
여유를 가져

미치겠다

널을 뛴다.
널 향한 생각이
제멋대로 솟구쳤다가
제풀에 꺼진다.
널 향한 사랑이
널을 뛴다.
미치겠다.

그네를 탄다.
널 향한 마음이
손에 잡힐 듯 다가섰다가
한순간에 멀어진다.
널 향한 사랑이
그네를 탄다.
미치겠다.

인연

금강경 金剛經
모든 것은
인연으로
생기고 사라진다.
스스로 생기는 것도 없고
스스로 사라지는 것도 없다.

우리의 모든 인연은
언제 어디에서 어떻게 만났고
언제 어디에서 어떻게 헤어지며
언제 어디에서 어떻게 또 만날지
한 치 앞도 알 수 없다.

할 수만 있다면
누구와도 싸우지 말아라
할 수만 있다면
누구에게라도 잘하고 살아라

할 수만 있다면

공

고무공
반들반들
고무로 만들어진 공
떨어트려도
아무 문제가 없다.
힘을 빼고 놓아도
내 손으로
절로 다시 오르고
신경 쓰지 않아도
내 옆에서
끄떡없이 성하다.

유리공
반짝반짝
유리로 만들어진 공
떨어트리는 순간
산산이 조각난다.
신경 쓰지 않으면
순식간에 놓치고
조심하지 않으면
눈앞에서
소리 없이 사라진다.

살아가며
우리 손에 쥐어지는
수많은 공 중에는
편하게 대할
고무공이 있고
살뜰히 챙길
유리공이 있다.

날 참 좋네

여느 아침처럼 찌뿌둥 무겁게 눈 떠
아내와 분주히 아침 식사를 챙기다가
날이 어떤지 내다본 창 너머로
가득한 아침 햇살이
따스한 안부를 묻는다.

오늘
날 참 좋네

하얀 구름은 정답게
파란 하늘 손을 잡고
밝고 연한 초록을
부드럽게 어루만지고

아파트 옥상에 눈부시게
걸터앉은 아침 해는
짙고 깊은 초록 사이를
빠짐없이 바라본다.

한가히 오가는 봄바람 아래로
짹짹 짹짹 참새들이 노래하고

찌찌찌 삐이삐이 박새 두 마리는
새벽부터 신나게 춤을 춘다.

별 기대 없이 맞이한 아침
정성껏 챙긴 선물 같은 풍경에
눈과 귀가 행복하다.
어제의 피곤이 잊힌다.
오늘의 걱정이 사라진다.

오늘
날 참 좋네!

꽃 너 기다림

겨울의 끝자락
봄의 언저리

모퉁이 길가에
학교 담벼락에

눈물 나게 반갑게
눈부시게 예쁘게

노랗게 옅게 붉게
밝고 짙고 환하게

꽃이 핀다.
너도 핀다.

스승의 노래

참되라고
바르라고
가르치고 인도하는 길에서
오늘도 난
기꺼이 베풀고 있는지
어버이의 마음으로 품고 있는지
나의 노고가
저 하늘에 비함은 가당한지
우러러 바라봄이 마땅한지
나는 그저 가르치고 있는지
외면하며 멈춰 서 있지 않은지
떠나면서 편히 잊고 쉽게 잊히고 있는지
태산 같은 무거운 마음으로
스승의 날에
스승의 노래를 듣는다.

주문呪文

이만하기를 다행이야
그 정도면 됐어
별거 아니야
잊어버리자
어제를 살아낸
주문

이만하면 됐어
저러다 만다
별수 없잖아
잘하고 있어
오늘을 살아내는
주문

잘 되겠지
괜찮겠지
힘내자
사랑해
내일을 살아낼
주문

놀이터

햇살이 속삭이는 작은 숲길을 지나
보드라운 봄바람이 가득한 길
알록달록 자그마한 놀이터 앞에서
잠시 바쁜 걸음을 멈추고 보았다.

이제 막 걸음마를 뗀
반짝이는 눈을 가진 사랑스러운 아이와
작은 걸음마다 행여나 놓칠까
두 손 모으고 바라보는 젊은 엄마

작은 새처럼 하늘로 날아오르며
힘차게 그네를 타며 신이 난 꼬맹이와
술래를 피해 요리조리 잽싸게
거꾸로 미끄럼틀을 오르는 개구쟁이

아이들의 예쁜 웃음이 가득해 눈이 부신
우리 아이들이 크고 자란 곳에서
나도 모르게 멈춰서 보는 풍경들
감출 수 없는 미소로 떠오르는 기억들

소망

오늘도
어김없이
대가도 없이
주어진 새벽길 앞에서
주저하는 걸음들에게
내가 걸어온
무겁고 깊은 발자국들이
밝게 빛나지 않을지라도
하나의 자취가 되기를
따라갈 길이 되기를

오늘도
이정里程 없이
가늠도 없이
내딛는 안갯길 앞에서
떨리는 가슴들에게
내가 부르는
외롭고 작은 노래들이
바람 앞에 나부낄지라도
하나의 울림이 되기를
바라볼 깃발이 되기를

코스모스

깊은 여름밤
내 눈에 밟히는 건
변변치 못한 별 여남은 개
희미하게
가물거리는 별
사라질 듯 말 듯
깜박이는 별
더 이상 빛나지 못하는
어두운 별
하지만
슬퍼 마라
단지 보이지 않을 뿐
끝 모를 밤하늘에는
무수히 빛나는 별 무리가 있다.
뜨겁게 타오르는 짙고 푸른 별 사이
범상히 반짝이는 노란 별이 가득하고
불타오르다 지친 광휘롭던 붉은 별 너머
긴 세월 어둠을 밝히던 하얀 별도 그득하다.

교복

3년 전 형아 교복이 부러워
나도 입어보겠다고
손도 나오지 않는 와이셔츠에
긴 바지 단을 질질 끌며
넥타이를 바닥까지 늘어트리고
좋다고 해맑게 웃던 동생 녀석
이제 자기 교복을 입고
거울 앞에서
조금은 큼직한 옷매무새를 가다듬고
이 표정 저 표정 짓는 모습이
왜 이리 우습고 귀여운지
왜 작은 녀석은
뭘 해도 예쁜 건지
왜 이 녀석은
도대체
크질 않는 건지

흐린 가을 하늘

갈 곳도 없이 길을 나서
흐린 가을 하늘을 보다가
찬 바람에
어깨를 움츠리고
쓸쓸함 감추려
옷깃을 여몄다.

흐린 가을 하늘에
하릴없이
그리운 이 마음
고이 적어
편지를 써 보아도
보낼 곳이 없다.

갈 길 바쁜
가을 낙엽 사이로
누군가
수줍게 다가와
인사를 건네면
난 얼마나
행복할까?

높은 곳

너무 높은 곳만
바라보지 마

너무 높은 곳으로만
가려 하지 마

높은 곳만 바라보고
높은 곳만 가려 하면

낮은 곳의 편안함을 몰라
넓은 곳의 넉넉함을 몰라

낮은 곳도 가봐야 해
넓은 곳도 가봐야 해

개밥바라기

쉬이 놓아주지 않는
어스름한 초저녁
기운 달을 마주하고
서쪽 하늘 나지막이
고달픈 울 아버지
늦은 귀갓길
무겁고 바쁜 걸음 위로
오늘도 홀로
찬연히 빛나는
저녁별

짙은 어둠도 숨죽인
이른 신새벽
밤새 찬 달을 쫓아
동쪽 하늘 반짝이며
애타는 울 어머니
간절한 기도
뜬 눈으로 샌 밤 위로
오늘도 홀로
처연히 빛나는
새벽별

사육제 謝肉祭

사육 謝肉
감사히 고기를 보내는 시간

내일은 먹지 못하리라
죄 없는 붉은 짐승의 살에
뜨겁게 불향을 입히고
회갈색 연기 아래
노릇한 한 점

내일은 마시지 못하리라
은은히 쓴 보리 향이 가득
황금빛 거품이 황홀하고
부드럽게 나를 적시는
톡 쏘는 한 잔

내일은 없다.
먹고 마시고 즐기자
신나게 웃고 떠들자
마음껏 한심해지자
한껏 우스워지자

축제가 시작되었다.

쾰른이여!
영원하라!
Alaaf!

나의 시

나의 시가
너에게
행복한 기억을 떠올리고
아련한 미소를 짙게 한다면
난 얼마나 행복할까요?

나의 시가
너에게
그럴 수도 있겠구나
살짝 고개를 끄덕이게 한다면
난 얼마나 감사할까요?

나의 시가
너에게
그랬구나 애썼겠구나
짠한 눈으로 바라보게 한다면
난 얼마나 안도할까요?

하늘에 구멍이 나면

하늘에 구멍이 나면
별이 쏟아진다.

눈에 가득 쏟아진 별은
시린 가지에 걸리고
메마른 뭍으로 안긴다.
이제
세상은 온통
별이 가득한 별바다
눈이 부시다.

난 이 밤
별 길을 걸어
별에 묻혀
별을 사랑하는
너에게
편지를 쓴다.

선물

고마운
너에게
고맙다고
주는 선물

커피 한 잔
손잡고 산책
맛있는 외식
영화 한 편

애쓴
나에게
힘내라고
주는 선물

운동 한 시간
낮잠 한숨
삼겹살 한 근
소주 한 병

가만있자

가만있자
생각해 보니
이리 안달할 일이 아니야

가만있자
살아 보니
그리 큰일이 아니야

가만있자
보아하니
저리 큰소리칠 일이 아니야

가만있자
잠시 생각해 보자

가만있자
잠시 기다려 보자

가만있자
잠시 참아 보자

밤 풍경

저녁 식사를 마치고
한가로이 아내와 나선 산책길

하루를 살아낸 이웃들의
재미난 이야기를 듣다가
마중 나온 초승달의 손짓에
서둘러 돌아가는 해의
뒷모습을 따라 걸으며

맞잡은 손으로 전하는
아내와 같이 나누는 오늘
우스운 일
화나는 일
감사한 일

기분 좋은 바람과 함께
아내와 함께 누리는 풍경
지는 해
뜨는 별
밝은 달

믿음

누군가를 믿는다는 건
마음을 기대고
도움을 기대하며
끝까지 기다리는 것

잊히지 않기를
거절하지 않기를
저버리지 않기를
돌아서지 않기를
바라는 것

그리고
서로
주고
받는 것

바람이 분다

바람이 분다.
푸른 나뭇잎이 흔들린다.
잔바람을 따라
천천히 여유롭게 살랑이다가
거센 바람도
손잡고 춤을 추듯
감싸 끌어안고
우뚝 서
끄떡없다.

바람이 분다.
검은 눈동자가 흔들린다.
시선은 바람에 맞서
파르르 떨리다가
일렁이며 흔들리고
소용돌이 속에
거세게 휘날려
알 수 없는 곳으로
아프게
던져진다.

바람이 분다.

화양연화 花樣年華

시작하는 연인들처럼
행복한 사람들이 있을까?
세상은 아름답고
인생은 달콤하여
꿈같은 화양연화
마주 앉아 바라만 보아도
우연히 스치는 손길에도
별 뜻 없는 속삭임에도
두근두근 설렘이 가득하다.

나의 연인아!
우리의 시작도 눈이 부셨다.
시기 어린 세월 탓에
그저 조금 빛이 바랬을 뿐
지금 우리의 사랑도
꽃처럼 아름다웠던 그 시절
간절했던 그 사랑과
다름 아니다.

젊음

지나간
젊은 시절
돌이켜보니
잘하는 것도
가진 것도
아는 것도
무엇 하나
지금보다 나은 것
하나 없는데

우리는 왜
어리석고
어설프고
부족했던
그 시절이
이토록 그립고
그토록 사무칠까?

아마도 그건
우린 그때

가슴은 따뜻했고

눈빛은 맑았었지
생각은 자유롭고
걸음은 힘찼었어
심장은 뜨거웠고
손은 정직했지
실패는 두렵지 않았고
쉽게 지치지 않았어
그리고
무엇보다
희망찬 내일이 있었지

그래서가 아닐까?
그런 게 아닐까?
그랬던 게 아닐까?

슬퍼하지 마

밤하늘에
별이 없는 게 아니야
너의 눈에
도시의 불빛이 가득해
그저 보이지 않을 뿐
너의 하늘에는
오늘 밤도 내일 밤도
별이 가득 빛나니
별이 없다고
염려하지 마
별이 보이지 않는다고
슬퍼하지 마

겸손은 힘들다

겸손
남을 존중하고 마음
자기를 내세우지 않는 행동
많이 알수록
많이 가질수록
겸손하라 한다.

하지만
우리는
조금만 알면 아는 척
조금만 가지면 있는 척
건방을 떤다.
시건방을 떤다.

정말 많이 아는 사람은
정말 많이 가진 사람은
묵묵히 듣는다.
조용히 걷는다.
잊지 말자
겸손은 힘들다.

시인

시인은
주린 배를 부여잡고
끼니처럼
맞이하는 시간을
깊고 오래오래 보는 사람

쉬이 지나침에서
멈춰서 의미를 찾고
눈물을 감추며
슬퍼하는 사람
눈물을 흘리며
기뻐하는 사람

시인은
산중 작은 바람에도
온몸으로 우는
처마 끝 풍경처럼
깊은 밤을 흔드는 사람

눈을 감고 바라보며
침묵으로 말하고
넓게 멀리 보지 못해도

오래 간직하는 사람
좁고 아픈 가슴으로
많은 걸 품는 사람

그리워

돌아갈 수 없는
시간의 길을 걷다가
멈추어 돌아보는
어느 순간에도
눈물 나게
그리운
네가 있다.

기억 속에서
나를 바라보는
너는
여전히
붉게 수줍고
언제나
눈부시게 환하다.

나의 삶에서
단 한 순간도
너는
그립지 않은
순간이 없었다.

삶 설명서

백 점짜리 삶은 없다.
후회 없는 삶도
실수 없고
미련 없는
삶도 없다.
다만

많이 틀리고
많이 후회하고
많이 잘못하여
많이 아쉬운
삶과

덜 틀리고
덜 후회하고
덜 잘못하고
덜 아쉬운
삶이
있을 뿐

작정

나서기 전에
부딪히기 전에
한 번 더 다짐해

힘들지도 몰라
아플지도 몰라
다칠지도 몰라

그럼에도 불구하고
각오가 되었으면
물러설 수 없다면

뒤돌아보지 말고
주저하지 말고
후회하지 말고

가라

부탁

거친 세상아
고된 시간아

어린 몸
여린 마음

상하지 않게
아프지 않게

따뜻이
살뜰히

돌봐주렴
감싸주렴

별이 쏟아진다

별이 쏟아진다.
너의 눈으로
은은히,
잔잔히,
소리 없이
스르르 속삭이며
반짝이며 흐른다.

별이 쏟아진다.
나의 눈으로
환하게,
총총히,
끊임없이
찬란히 눈부시게
쏟아지며 춤춘다.

이 밤도
별이 쏟아진다.
너의 눈으로,
나의 눈으로,
숨이 멎을 듯
황홀히

사랑을 전한다.